[Asso]ciation Générale des Étudiants

Section de Photographie de Poitiers

Décembre [illegible]

CATALOGVE

DES ŒVVRES PRÉSENTÉES A LA PREMIÈRE EXPOSITION INTERNATIONALE DE PHOTOGRAPHIE DE LA SECTION DE L'*A*.

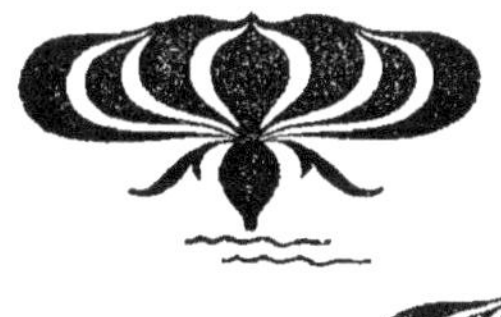

POITIERS

ASSOCIATION GÉNÉRALE DES ÉTUDIANTS
de l'Université de Poitiers

SECTION DE PHOTOGRAPHIE

Salon de Photographie

1903

Règlement

Article premier. — La Section de Photographie de l'A.G.E.U.P. organise à Poitiers pour le mois de décembre 1903 un Salon de photographie dont le but est essentiellement artistique.

Art. 2. — Ne pourront y figurer que les œuvres qui, en dehors d'une bonne exécution technique, présenteront un réel caractère artistique par le choix, l'éclairage du sujet ou la composition du tableau : *Paysages, Portraits, Scènes de genre, Etudes.*

Art. 3. — Seront seules admises les épreuves collées ou encadrées.

Chaque épreuve portera au dos l'indication du nom de son auteur, le titre du sujet, du procédé et de l'appareil employé.

Art. 4. — Le nombre des épreuves envoyées et leur dimension ne sont pas limités.

Art. 5. — Les épreuves exposées pourront avoir déjà figuré dans d'autres expositions ou concours.

Art. 6. — Les emplacements sont donnés gratuitement; les exposants qui désireront que leur épreuves leur soient retournées devront envoyer 2 fr. pour les frais d'emballage.

Art. 7. — Les demandes d'admission devront être adressées à M. G. Espierre, Président de la Section de Photographie, rue Gambetta, Poitiers, avant le 1er octobre.

Art. 8. — Les envois devront lui parvenir au plus tard le 18 octobre.

Art. 9. — Un jury d'admission composé d'artistes et d'amateurs d'art examinera les envois et choisira ceux qui lui sembleront dignes de figurer au Salon.

Ses décisions seront sans appel.

Art. 10. — Chaque exposant recevra une médaille de bronze.

Art. 11. — Les œuvres exposées peuvent être reproduites dans les publications de la Section de Photographie.

Art. 12. — Tout participant au Salon en accepte le Règlement sans restriction aucune.

Le Secrétaire,
Gaston Moreau.

Le Président de la Section,
Gabriel Espierre.
Président de l'Association.

18 La Châtelaine.

La Châtelaine

La Dame, sans blesser aux ronces ses doigts blonds,
Dans le printemps nouveau qui dit aux âmes veuves
La chanson bonne après l'ennui des hivers longs,
Egare sa tendresse et ravit aux vallons
La fragile amitié des églantines neuves.

FRANCIS EON.

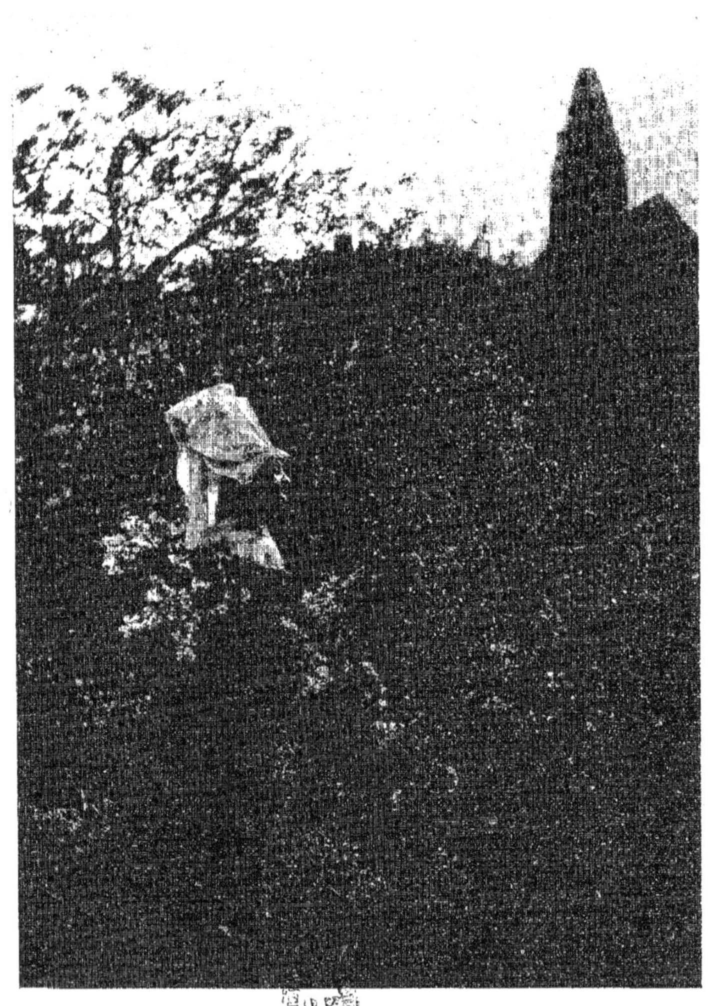

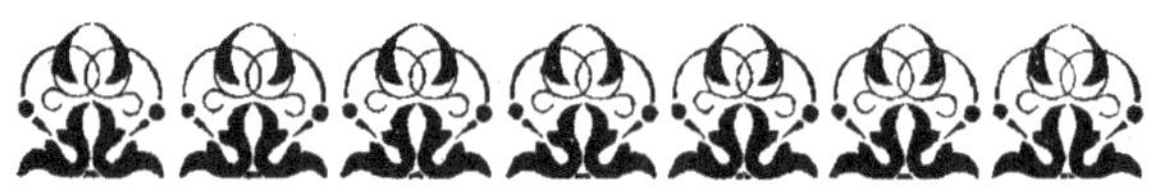

Deuxième Concours

EXPOSITION DE PHOTOGRAPHIE

Organisé par la Section de Photographie

DE

L'ASSOCIATION GÉNÉRALE DES ÉTUDIANTS

de l'Université de Poitiers

1903

Règlement

DU CONCOURS-EXPOSITION

ARTICLE PREMIER. — A côté du Salon, la Section de Photographie de l'A. G. E U. P. organise un Concours de Photographie dont l'exposition coïncidera avec celle du Salon.

ART. 2. — Le Concours est ouvert à tous les amateurs Français et Etrangers qui voudront y prendre part. Les Etudiants seront classés à part dans chaque section.

ART. 3. — Une commission d'organisation et de réception examinera les envois et en déterminera l'acceptation. Ses décisions seront sans appel.

Art. 4. — Seront seules admises les épreuves collées ou encadrées. Chaque épreuve portera au dos : le titre du sujet, le procédé et l'appareil employés, le numéro d'ordre. Le dos de chaque épreuve portera en outre un signe quelconque, devise ou pseudonyme, qui sera reproduit dans une enveloppe fermée contenant le nom, l'adresse de l'auteur, et, s'il y a lieu, le titre de la Société à laquelle il appartient. Tous les envois devront être accompagnés d'un mandat de deux francs pour tous droits.

Art. 5. — Le nombre des épreuves envoyées et leur dimension ne sont pas limités.

Art. 6. — Les exposants sont instamment priés d'envoyer deux épreuves de chaque cliché, par un exposé. (Le Jury n'aura à apprécier que la meilleure épreuve.)

Art. 7. — Le Jury sera composé d'artistes et d'amateurs d'art.

Art. 8. — Les récompenses consisteront en objets d'art, médailles, mentions honorables ou objets divers. Chaque amateur admis à l'exposition recevra un Diplôme.

Art. 9. — Les épreuves récompensées resteront la propriété de la Section de Photographie, qui se réserve le droit de les faire reproduire. Les autres épreuves seront renvoyées à leurs expéditeurs quand ils en auront adressé la demande accompagnée du montant des frais d'emballage et de port.

Art. 10. — Les envois devront parvenir au Président de la Section de Photographie, 27, rue Gambetta, avant le 15 novembre.

Art. 11. — Tout participant à l'Exposition en accepte le règlement sans restriction aucune.

Le Bureau de la Section de Photographie,

Le Président de la Section,
Gabriel Espierre.
Président de l'Association.

PRÉSIDENT D'HONNEUR

M. CONS, recteur de l'Académie de Poitiers.

JURY D'ART

MM. AUDOUIN.
BARILLEAU.
BESSÉ, aquafortiste.
LE R. P. DE LA CROIX.
GUÉRITHAULT, peintre.
GUITTEAU.
HILD.
JULIEN.
PAUL DE MONTSEIGNAT, dessinateur.
PARINAUD, professeur de dessin.
PRÉVOST-LEYGONIE, aquafortiste.
DE QUEYRIAUX, du Photo-Club.
ROBUCHON, statuaire.
SURREAU.

JURY PROFESSIONNEL

MM. MERKEN, photographe, Poitiers.
RAT, — —
THIOLIER — —

RÉCOMPENSES

PRIX D'HONNEUR. — Gravure à l'eau-forte de Fouquet d'Orval, *La Famille de Rembrandt*. Offerte par le Ministre des Beaux-Arts et de l'Instruction publique.

MÉDAILLE D'HONNEUR, offerte par la Ville de Poitiers.

MÉDAILLE D'HONNEUR, offerte par l'Université de Poitiers.

Médailles de vermeil, d'argent et de bronze, offertes par la section de photographie de l'A. G. E. U. P.

Plaquettes : *Le Nid*, de Dupuis. *Salut au Soleil*, de Dupuis. Offertes par M. G. Espierre, président de l'Association des Étudiants.

BILLIOQUE (L.), P. C. P.

20 Contre-jour à Moulleau.

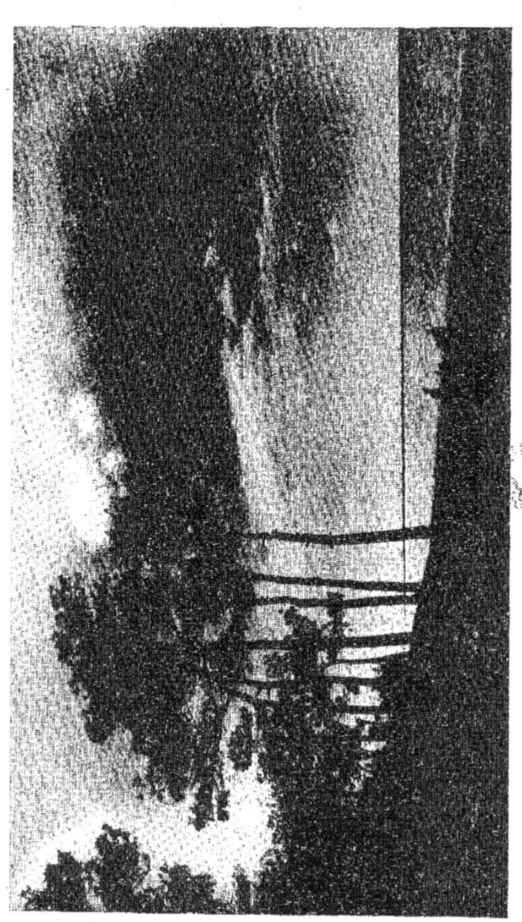

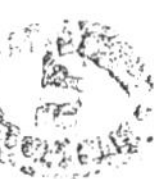

INDICATION DES SOCIÉTÉS

AUXQUELLES APPARTIENNENT LES EXPOSANTS

A. I. P. A.	Association internationale des Photographes amateurs.
C. EFF.	Cercle « L'Effort », Bruxelles.
L. R.	Linked Ring.
P. C. N.	Photo-Club de Nice.
P. C. P.	Photo-Club de Paris.
S. A. E.	Société d'Excursions des Amateurs de Photographie.
S. M. S. P.	Société Malouine-Servannaise de Photographie.
S. N. P.	Société Nantaise de Photographie.
S. P. A.	Société photographique d'Arcachon.
S. P. A. G.	Section photographique de l'Association générale des Etudiants de l'Université de Poitiers.
S. P. T.	Société photographique de Tours.
S. P. V. S. P.	Section photographique de l'Union Sportive Poitevine.

SALON DE PHOTOGRAPHIE

AILLAUD (C.). A. I. P. A.-P. C. N.

Saint-Jean-le-Vieux (Ain).

1 L'aveugle (Dyckmans). Br.

BALLIF (H.). S. P. T.

2 Perdu dans le rêve. Ch.
3 La Loire à Montlouis. Ch.
4 Le Loir du pont de Lavardin. Ch.
5 Type Tourangeau. Ch.
6 A Beaumont-la-Ronce. Ch.
7 Portrait. Gb.

BINDER-MESTRO (Mme). P. C. P.

Choisy-au-Bac (Oise).

8 Barque en mer Ch.
9 Vierge. Sanguine.
10 Profil. id.
11 Tête d'étude. Ch.
12 Etude. Ch.
13 Etude.
14 Causette.
15 Repos aux champs.

BERGON (Paul). P. C. P.

40, *boulevard Haussmann, Paris.*

16 Pensierosa. Ch.
17 Tête d'expression. Ch.
18 La Châtelaine. Ch.
19 Automne. Ch.

BILLIOQUE (L.). P. C. P. PRÉSIDENT DE S. P. D'ARCACHON.

Villa Duvandal, Arcachon.

20 Effet de contre-jour à Mouleau. Ch.
21 La pinasse. Ch.

BINDER MESTRO (Mme), p. c. p.

8. Barque en mer.

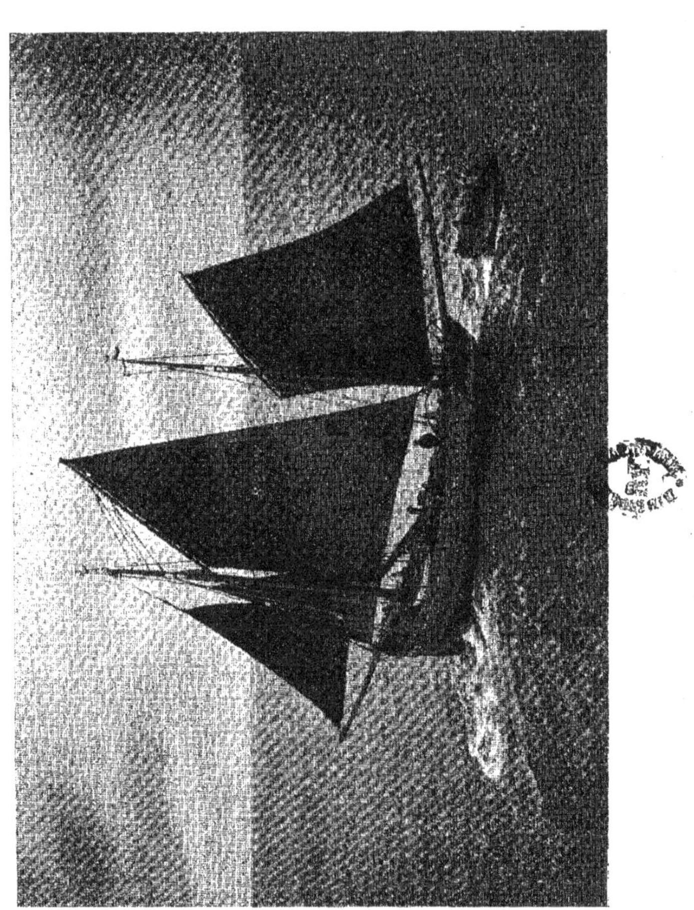

22 Vache au pâturage. Ch.
23 La Meuse près de Sedan. Gb.
24 La Bouée. Ch.
25 Tête d'enfant. Gb.

BUCQUET (Maurice), PRÉSIDENT DU P C. P.-S. A. E.-S. F. P -L.R -S V. P.

12, rue Paul Baudry, Paris.

26 Bœufs à l'abreuvoir.
27 Remouleur aux halles.
28 Remorqueur.
29 Calme du soir.
30 Carcassonne. Dans la Cité.
31 Matinée de pluie à Paris.
32 Canards.
33 Sur un banc.

BUCQUET (Mlle A.). P. C. P.

12, rue Paul Baudry, Paris.

34 Sur le chemin.
35 L'Amstel.

BUFFET. P. C. P.

Paris.

36 Un pêcheur.

CHARLE. S. M. S. P.

9, rue Amiral Magon, Saint-Malo.

37 Portrait.
37 *bis* La Toilette.

COSTE (F.). P. C. P.

Lacanche, par Arvay-le-Duc (Côte-d'Or).

38 Etude d'arbres.

COQUET (E.).

Nonancourt (Eure).

39 Effet de neige.
40 Prière du matin. Gb.

DARDONVILLE (Louis), P. C. P. S. A. E.

15, Chaussée de la Muette, Paris.

41 Dans les landes.
42 En forêt.

DARNIS (A). P. C. P. S. A. E.

4, rue Marbeuf, Paris.

43 Paysanne du Poitou.
44 A la Fenêtre.

DEMACHY (Robert). P. C. P. L. R.

13, rue François Ier, Paris.

45 Profil perdu.
46 Un coin de Sallenelles.
47 Profil.
48 Portrait du peintre Paul B.
49 Marine.

DESLIS, PRÉSIDENT DE LA S. P. DE TOURAINE.

6, rue Gambetta, Tours.

50 Bords du Cher.
51 Bords de la Sèvre à Clisson.
52 Paysage sur le Cher.
53 Après la pluie en Sologne.
54 Le soir, sur la plage.
55 Etude d'arbres (Bords de la Sèvre. Clisson).
56 Etude.
57 Temps d'orage.

ESPIERRE (Gabriel), S. P. A. G. S. P. A.

27, rue Gambetta, Poitiers.

58 Automne. Br.
59 et 59 *bis* Le Roc Saint-Luc. Br.
60 et 60 *bis* Le Chemin bas. Br.
61 et 61 *bis* La provision pour l'hiver. Br.
62 Premier Empire. Br.
63 Têtard (Etude). Br.
64 Sentier.
65 Retour de la Forêt.
66 Etude à Saint-Luc.
67 Sur le Pont suspendu de Vouneuil.
68 Etude d'arbre à l'Hôpital-des-Champs.
69 Cuirassiers.
70 Château d'Azay-le-Rideau.

FORESTIER (Mlle Berthe).

Villa Sigurd, Arcachon.

173 et 173 *bis* Incroyable.

FORESTIER (Mlle Marie).

Villa Sigurd, Arcachon.

174 La Vierge au Chinois.
175 Le thé.

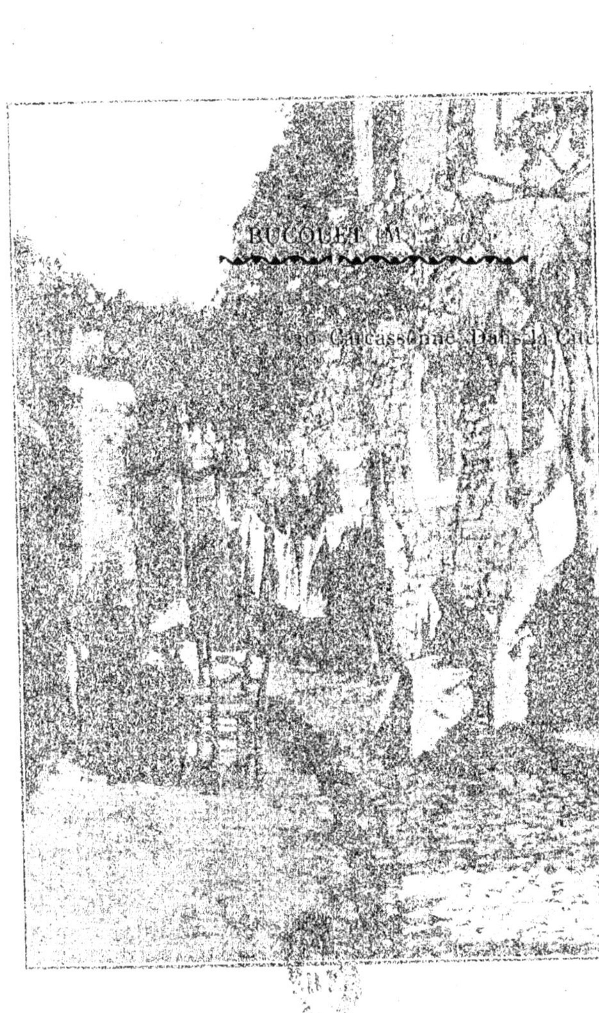

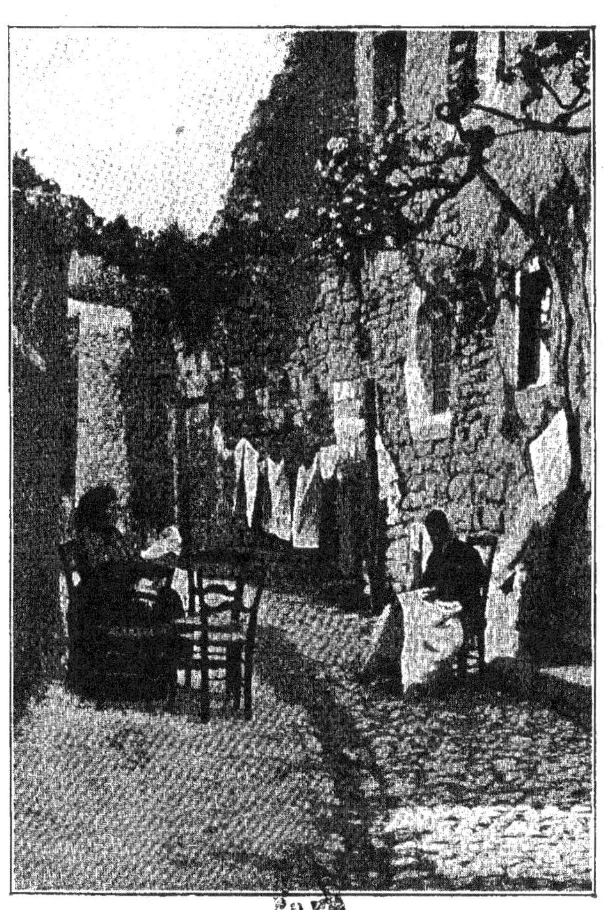

FOUCHER (H.), secrétaire, S. P. T.

Rue Nationale, Tours.

71 La Cisse à Vernou.
72 La Brenne à Vernou.
73 Bavardage.
74 Eau dormante.
75 Paysage à Vernou.
76 Curiosité.
77 Plaisirs d'été.

GILIBERT (A.). S. A. E.-P. C. P.

55, rue de Prony, Paris.

78. Sur le pas de la porte.
79 Sur l'herbe.

GOUSSEAU (Abel).

Saint-Laurent-sur-Sèvre (Vendée).

80 La Bergère et ses moutons.
81 Labourage vendéen.
82 La rue du village.
83 A l'abreuvoir.
84 Etude.

85 Jeune Fille de Vendée.
86 Baby.
87 Etude.

GRIMPREL (G.). P. C. P.

71, rue du Faubourg-Saint-Honoré, Paris.

88 Sanguine.
89 Médaillon.
90 Portrait de M. M. G.
91 Sanguine.

GUÉRIN (H.). P. C. P. S. A. E.

21, rue du Général-Foy, Paris.

92 Etude de Nuages.

HOLL (S. R.).

Rue de Chastes, Dieppe.

93 Raymond.
94 Narcisses.
95 Hyacinthes.
96 Dans la neige.
97 En vue
98 La porteuse de fagots.

HUNTINGTON (Olivier).

Cloyne-House, Newport (E.-U.).

99 Simplicité.
100 Etude d'enfant.

ILLIERS (Louis d'), étudiant en droit. S. P. A. G.

Château de la Fontaine, Olivet (Loiret).

101 Le Torrent, à la Bourboule, pl.

INSINGER (H. A).

86, *boulevard Haussmann, Paris.*

102 La Charente à Angoulême.
103 Premières feuilles au Bois de Boulogne, pl.

LE BÈGUE (René). P. C. P.

51, *rue le Peletier, Paris.*

104 Etude à l'atelier. Gb.
105 Etude pour une enseigne. Gb.
106 Etude pour orner une lettre. Ch.
107 Femme se dévoilant. Gb.

LE FOLCAVEZ. S. P. T.

34, *rue Boisdenier, Tours.*

108 Etude d'éclairage. Ch.
109 La Source.
110 Avant la pose.
111 Rêverie.
112 Bords de la Brenne.
113 Bords de la Brenne.
114 Tête de Madone.
115 Portrait de Mme Marthe B.

LE MAILLOT. S. M. S. P.

rue Sainte-Anne, Saint-Malo.

116 Vierge au Rouet.
117 Etudes d'enfants.
118 Rade de Saint-Malo.
119 Le Sommeil de la Cigale.
120 Marguerites.
121 Dans les prés.
122 Au pâturage.

LEPRINCE-RINGUET (René).

1, *avenue Ingres, Paris.*

123 Moutons.

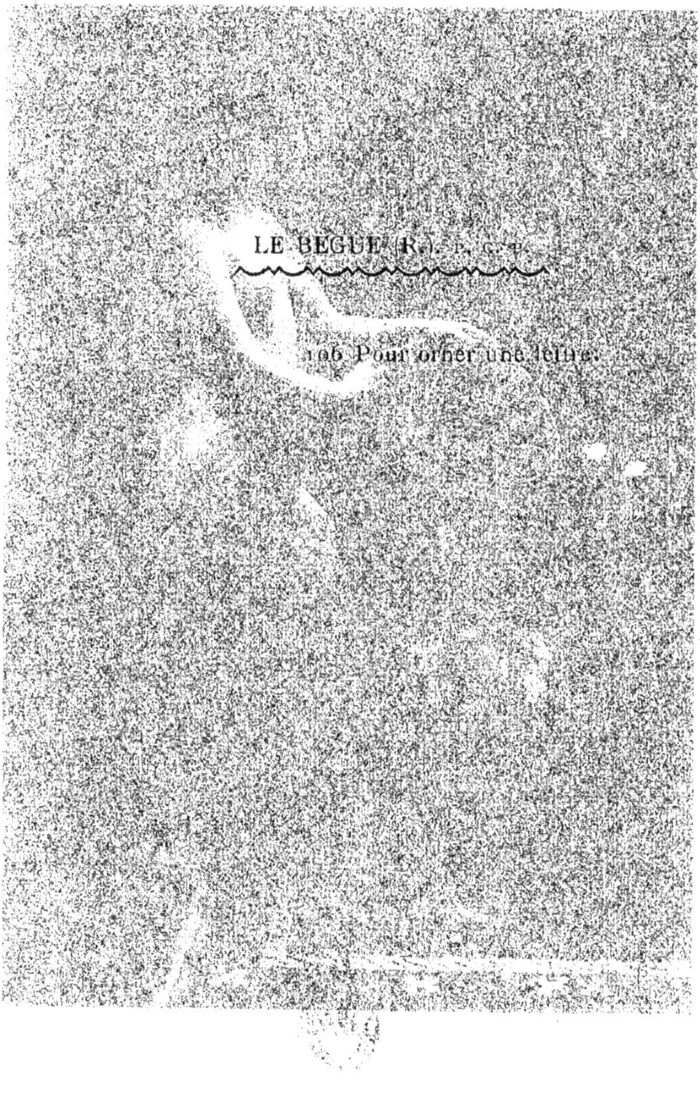

LE BEGUE (R.). P. C. P.

106 Pour orner une lettre.

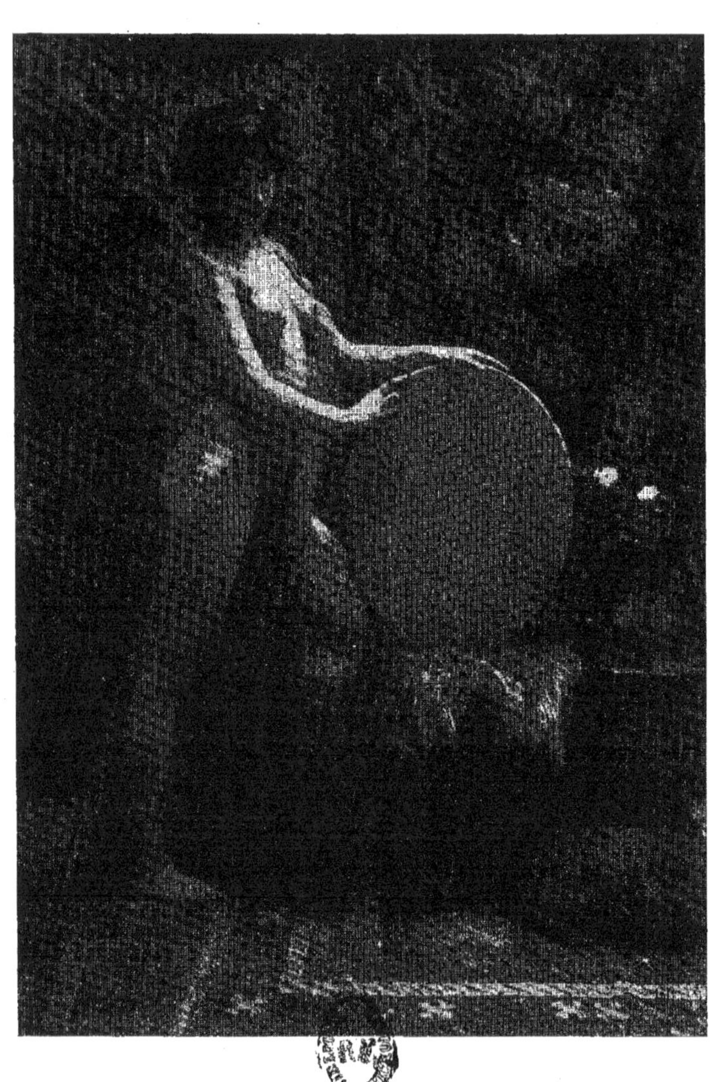

MASSÉ (Mlle Laure).

136, boulevard Haussmann, Paris.

124 Paulette et Jean.
125 Avant de partir pour le marché.
126 A Rome.

MAURICE (Mlle G.)

Chateau de Savonneau St-Epain.

127 Les Bains de Gabrielle d'Estrées au Parc Monceau.

MEXIA. S. P. U. S. P.

rue des Hautes-Treilles.

128 Enfant dans les fleurs.
193 Portrait de M. B.

MICHAUD-MARINONI (M A.).

94, rue d'Assas, Paris.

129 Les Fiançailles de la Meunière.
130 Souvenirs de voyage (quatorze rues).
131 Travesti Japonais.
132 Japonaise.
133 L'Embarcadère.

MORISSET (A.).

Les Martins, par Saint-Julien-l'Ars.

134 Sous bois.
135 Arrivée de Sardiniers à Quiberon.

MOREAU (A.). S. M. S. P.

Rue Jacques-Cartier, Saint-Servan.

136 Etude.
137 Devant Guignol.
138 Intérieur.
139 Etudes de contre-jour.

PERDOUX (Joseph), ÉTUDIANT EN MÉDECINE. S. P. A. G.

Rue de l'Industrie, Poitiers.

176 En forêt.
177 Effet de neige.
178 Au pâturage.

PETIT (Ch.). P. C. P.

30, avenue de Messine, Paris

140 A la Foire de Montbran.

PETIT (R.).

30, avenue de Messine, Paris.

141 En Hollande.
142 Dans un bar.

PUYO (C.). P. C. P.

33, rue de Turin, Paris.

143 Reflets.
144 Profil.
145 Eté.
146 Panneau décoratif.
147 Aubade matinale.
148 Octobre.
149 Etude.
150 Le Ruisseau.

QUEYRIAUX (de). P. C. P.

Château de la Bartière, Montmorillon.

151 Suis ta route.
152 Une Bonne Prise.
153 Comme Grand'Mère.
154 La Bonne Vieille.
179 Le Passeur.

RASQUIER (L. M.), ÉTUDIANT EN DROIT. S. P. A. G. F.

rue d'Alsace-Lorraine, Poitiers.

194 La chapelle de Waterloo.
195 La porte d'Anvers.
196 Vendôme.
197 En Belgique.
198 Scènes de genre.

ROUCHIER (E.) S. P. U. S. P.

Rue Gambetta, Poitiers.

155 Le Déluge (G. Doré).
156 Portrait.

ROUCHIER (Maurice), PRÉSIDENT DE L'UNION SPORTIVE POITEVINE (Section Photographique).

Rue Gambetta, Poitiers.

157-158 Vivonne.
159-160 Bords de la Boivre.

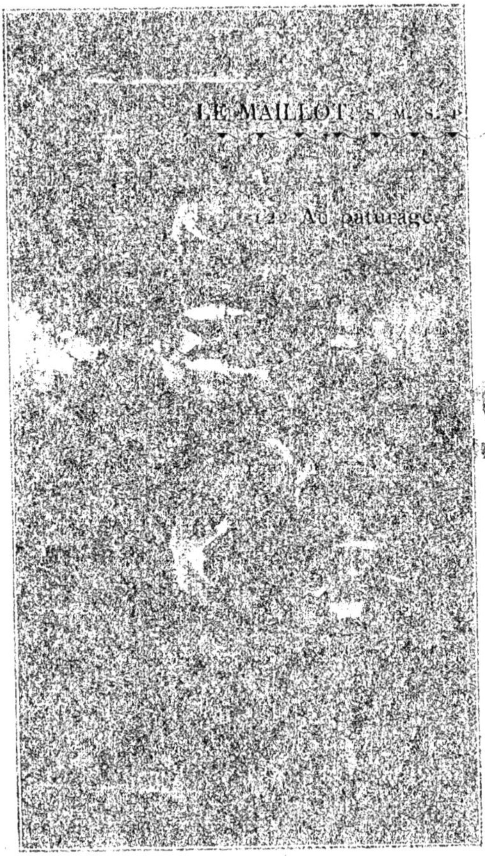

LE MAILLOT. S. M. S. 4

122. Au pâturage.

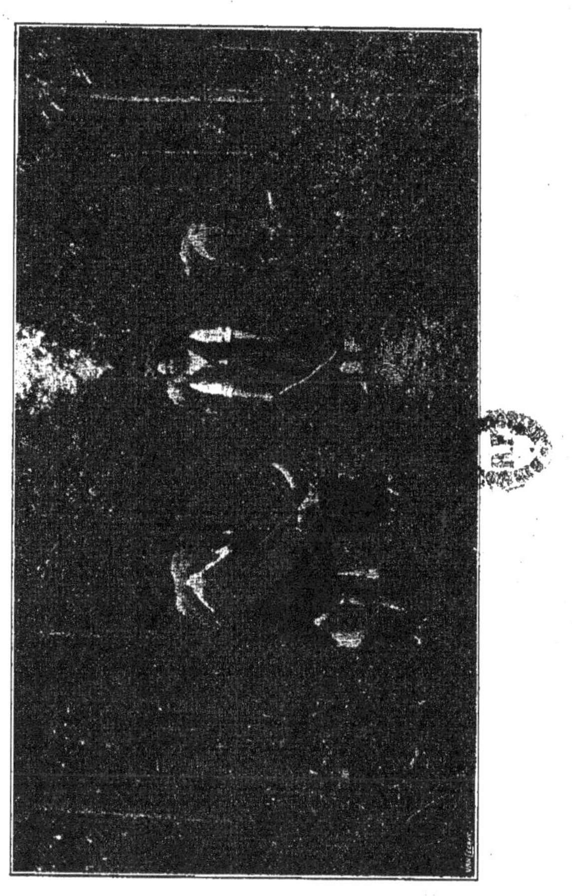

ROY (G.). P. C. P. - S. A. E. - S. P. P.

145, boulevard Haussmann, Paris.

161 Au bord de l'eau.

SAGE (J.). S. M. S. P.

25, rue de Toulouse, Saint-Malo.

162 Etang de Bonneuil. Ch. F.
163 Merveilleuse. Ch. F
164 Bœufs au labour. Ch. F.
165 Un article croustillant.

SEIGNEURIE (Madame).

28 bis, rue Guillaume-Tell, Paris.

166 Aux champs. Ch F.
167 Soir de novembre. Ch. F.
168 Les petits destructeurs de nid. Ch. F.
169 Calme plat. Ch. F.
170 Sous bois. Ville-d'Avray. Ch. F.

STANDOT. P. C. P.

Paris.

189 Un grain.
190 Rentrée de foins.
191 Moldo (Norvège).

TAUTAIN. P. C. P.

Paris.

171 Canal à Venise.

TÊTARD (Mme Maurice).

30, rue de la Boëtie, Paris.

172 Troupeau de moutons.

TERVERSE (Edouard de), ÉTUDIANT ÈS LETTRES.

Paris.

185 La Vienne.
186 Le Clain.
187 La Vendée. La Folie-Brunetière.
188 Le moulin Crochet.

UNION SPORTIVE POITEVINE (Section de Photographie).

180 Cartes postales (Reproduction).
181 Vivonne.
182 Moutons.
183 Fleurs.
184 L'affiche du Concours.

CONCOURS

1re *Section* Portraits et Groupes.
2e — Paysages.
3e — Monuments, Architecture, Sculpture.
4e — Intérieurs.
5e — Scènes de genre.
6e — Natures mortes.
7e — Reproductions.
8e — Effets de lumière.
9e — Positives et Diapositives, Vues stéréoscopiques.
10e — Curiosités et Fantaisies photographiques.
11e — Cartes postales.

SÉRIES SPÉCIALES

1re *Série* Coutumes du Poitou, Costumes Poitevins.
2e — Paysages du Poitou.
3e — Paysages des Vallées du Clain et de la Boivre.
4e — Vue de Poitiers.
5e — Monuments du Poitou.

Nota. — Les épreuves refusées au Salon ont été versées d'office au Concours.

SAGE (J.), S. M. S. P.

[illegible] Bœufs au labour.

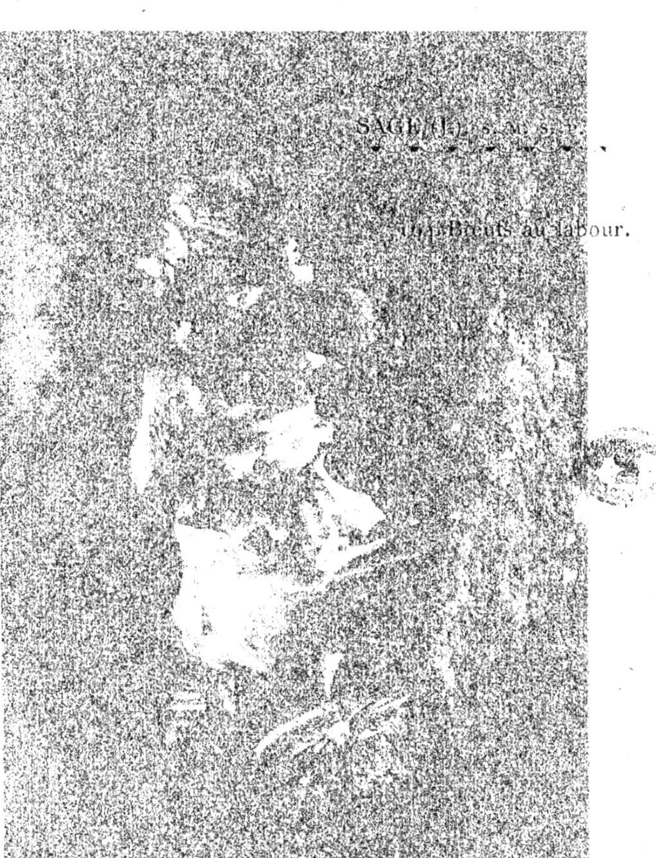

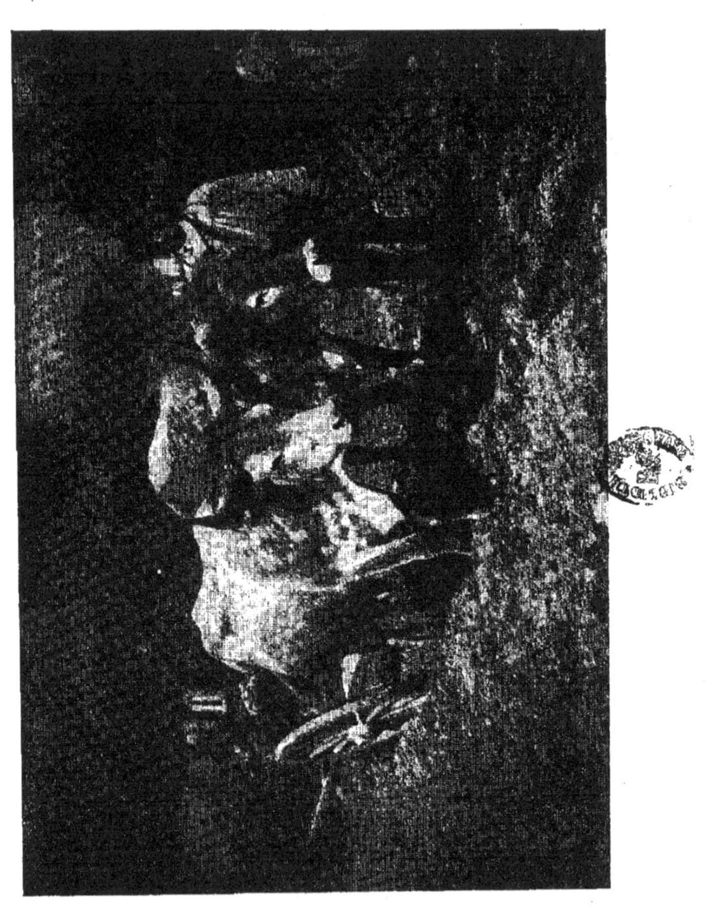

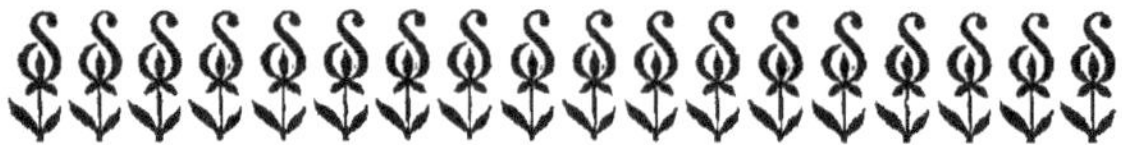

CONCOURS

AILLAUD (E) A I. P. A.-P. C. N.

St-Jean-le-Vieux (Ain).

400 et 401 6e *Section* Sarcelle. P. F.

ARNAL.

Rue des Carmélites, Poitiers.

402 1re *Section* Deux Portraits.
403 2e *Série* Tison.
404 — Temple Saint-Jean.

BALLIF (H.). S. P. T.

Tours.

405, 406 et 407 2e *Section* Le Cher. St-Avertin. Gb.
408 — Crépuscule. Gb.
409 — Rochers de Plougastel-Daoulas. Gb.
410 — La Calonière, près d'Amboise.
Diapositives.

BATAILLE (E.), PRÉSIDENT DE LA S. N. P.

7, rue Monselet, Nantes.

411 1re *Section* Etude.
412 — Marquise moderne.
413 — Mlle P., rôle de Mlle Lange.
414 — — Mlle Musette.
415 3e *Section* Jubé de l'église de Laroche (Finistère).
416, 417 et 418 — Le château de la Rochefoucauld (Charente).
419 — Ruines de l'abbaye de la Couronne.

BEAUCHER (L.).

Rue Barreau, Mer (Loir-et-Cher).

420 et 421 3e *Section* Chambord.
422 — Eglise de Mer.

BERNÈS-LASSERRE, SECRÉTAIRE DE L'ASSOCIATION DES ÉTUDIANTS.

Toulouse.

423 1re *Section* Turcos et Fathma.
424 2e — Chemin d'Aghadir.
425 5e — Turcos à la Petite Guerre.
426 — Sieste à la porte d'un café maure.

CHABOT (AL.).

Château de St-Pierre, La Trimouille (Vienne).

427 1re *Section* Clownesse.
428 — La leçon de lecture.
429 — Clownerie.
430 — Costumes d'Auvergne.
431 — Dieux de l'Olympe.

432 1re *Série S.* Paysannes du Poitou.
433 2e — Le Saint-Pierre.
434 — Sur la Benaise.
435 — La Gartempe au Moulin de Cheragon.

CHAFFIN (John).

65, East-Street, Taunton (Angleterre).

436 1re *Section* The Waggoner.
437 — A Connaisseur.
438 — Gorgone.

CHOYAU (L.).

Sainte-Hermine (Vendée).

439 2e *Série* 9 vues du Poitou et de la Vendée.

CLAVEYROLY (Al.)

9, rue Bec-de-Lièvre, Nîmes.

440 2e *Section* Paysage.
441 3e — Aux enfants du Gard morts pour la Patrie.
442 8e — Effet de lumière.

CHAFFIN (John)

138 Gorgone

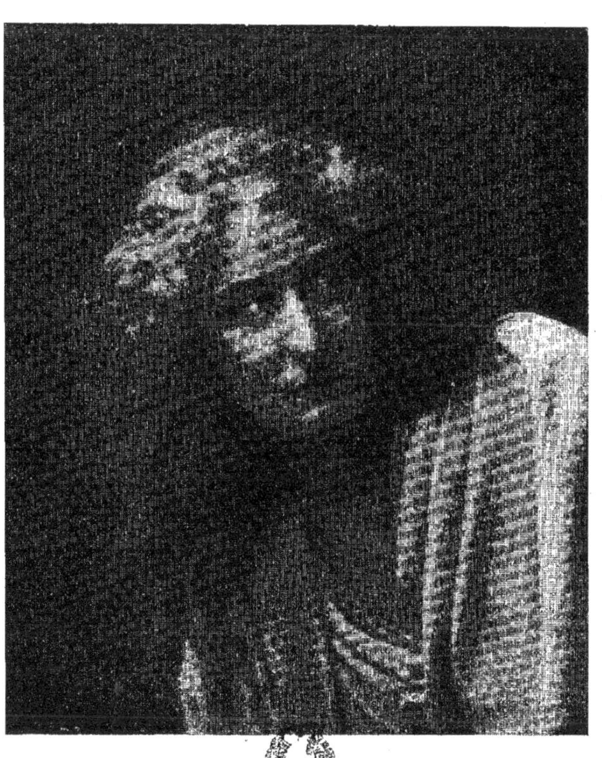

COGNEAU (abbé).

Lussac-les-Châteaux.

443 2e *Section* Les Bains de Diane à Clisson.
444 5e — Avant la classe.
445 — En attendant la Mariée.
446 — Cœur joyeux.
9e — La Gartempe à Montmorillon.
— — La Vienne à Lussac-les-Châteaux.
447 3e *Série* S. Bords du Clain à la Tricherie.
448 2e — La Blourde à Persac.
449 — Parthenay.
450 et 451 — Nouaillé.
452 — La Vienne à Lussac.

DEHOGUES (C.), MEMBRE FONDATEUR DE LA S. P. A. G.

453 1re *Section* La cigarette allumée.
454 et 455 2e *Série* S. La Roche-Posay.
456 3e — Le moulin de Molé sur le Clain.
457 5e — La cloche russe de Châtellerault.

DESLIS, PRÉSIDENT DE LA S. P. T.

Rue Gambetta, Tours.

458 3e *Série* S. Retour du pâturage. Ligugé.
9e *Section* Diapositives.

ESPIERRE (Gabriel), S. P. A. G.-S. P. A.

27, rue Gambetta, Poitiers.

Hors concours.
459 11e *Section* Vues de la Vendée au Roc-Saint-Luc.
460 4e — Etude d'intérieur.
461 1re *Série* S. Pèlerinage de la Croix miraculeuse à Migné.

FAUR.

Caylus (Tarn-et-Garonne).

462 2e *Section* La Bonette.
463 — Ruisseau de Notre-Dame.
464 — Le Nauzal.
465 — Saulaie.
466 — Série d'après Gustave Doré.
468 et 469 1re *Section* L'Amour et la Folie.

GANDON (Mlle M.).

10, rue du Palais, Carcassonne (Aude).

470 2e *Section* Laveuses.
— Le pont vieux.
— Passage à gué.
— Dans la neige.
— Sous bois.
— En canot.

GAROUIN (J.), ÉTUDIANT EN SCIENCES COMMERCIALES.

67, rue Cuylits, Anvers.

471 11e *Section* Portrait.

HOLL (S. R.).

Rue de Chastes, Dieppe.

472 à 480 2e *Section* Neige. Etudes.
481 — Le gué à Longueil.
482 — Sur les quais.
483 — Dans le parc.

484	2e Section	Derniers rayons.
485	—	La vague.
486	—	La vanne. Gb.
487	—	Vieux saule. Ch. F.
488	—	La chute au moulin. Ch. F.
489	—	Brume de novembre. Ch. F.
490	—	Le Remous. Ch. F.
491	5e Section	Sorcière. L'Antre. Ch. F.
492	—	Trois bons amis. Ch. F.
493	—	Tête de mendiante. Ch. F.
494	—	La lessiveuse. Ch. F.
495	—	Joie. Ch. F.
496	—	Ils sont trop verts, dit-il. Br.
497 à 506	6e —	Etudes de fleurs.
507	8e —	Contre-jour.

ILLIERS (Louis d'), ÉTUDIANT EN DROIT, MEMBRE FONDATEUR DE LA S. P. A. G.

Château de la Fontaine, Orléans.

508	2e Section	Le Loiret à la Fontaine. Pl.
509	—	Venise (cinq vues). Pl.
510	5e —	Sauts d'obstacles (cinq ép.). Pl.
511	8e —	Bords du Loiret. Pl.

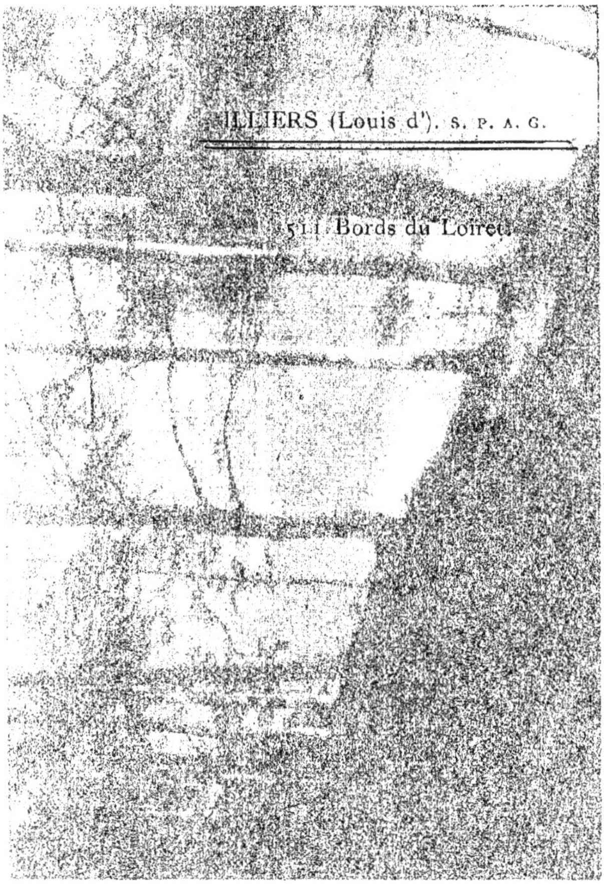

ILLIERS (Louis d'). S. P. A. G.

511 Bords du Loiret.

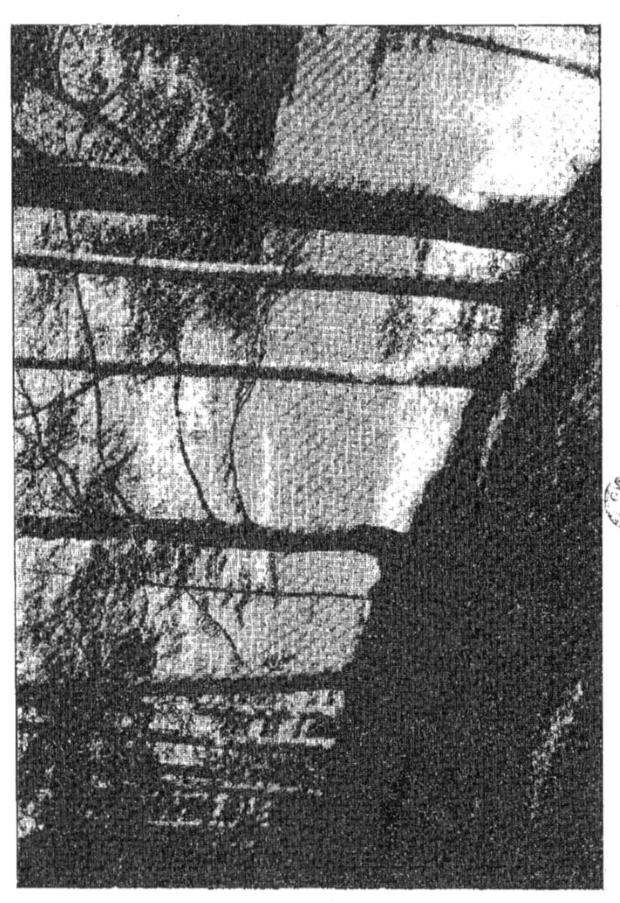

IN LABORE REQUIES.

512 7e *Section* Feuilles tombantes (Laurence).
513 — Effrayée par un cygne (Aublas).
514 — L'été (F. Brillaud).

JOB Junior (Kwenraad).

Prinsengracht 718, Amsterdam.

9e *Section* Positives et Diapositives.

JUIGNIER. s.p.t.

Tours.

515 2e *Section* Effet de neige.
516 — Bords de la Choisille à Mettray.
517 à 520 5e — A Mettray.
9e — Diapositives.

LE MAILLOT (H.). s. m. s. p.

Rue Sainte-Anne, Saint-Malo.

521 11e *Section* La Vierge au Rouet.
— — Le sommeil de la Cigale.

521 11e *Section* Baby.
— — Tic-Tac.
— — Au pâturage.
— — Repos.
522 — Étude.
— — Rêverie.
— — Marchande d'oranges.
— — Pâquerettes.
— — Page.
— — Page à la Mandoline.

LE PEUNETIER.

24, rue Saint-Lazare, Colombes (Seine).

523 2e *Section* Ma Rue, effet de neige.
524 — Laveuses sur la Divette.
525 1re — Pierrot moqueur.

MAMMALUCCHI.

Rue Leonardo da Vinci, Rome.

526 3e *Section* 1 Arc de Dolabella.
— — 2 Arc de Septimio Severo.
— — 3 Capitole. Hôtel de Ville.
— — 4 Foro Romano. Temple de Saturno.

526 3e *Section* 5 Château-d'Ange.
527 — 6 Fontaine de Place Termini.
— — 7, 8, 9, 10 Naïades. Statues de la Fontaine de Place Termini.
528 — 11 Cortège patriotique au Quirinal.
— — 12 Statue de Cola de Rienzo.
— — 13 Revue de Troupes.
— — 14-15 Place Saint-Pierre le jour d'un pèlerinage.

MATHIEU (L.).

22, rue Emile-Jamais, Nîmes.

529 2e *Section* Pont sur le Rhône.
530 — Port de Cannes.
531 5e — Retour du pâturage.

MICHAUD-MARINONI (Mlle A.).

94, rue d'Assas, Paris.

532 2e *Section* Allée du Parc.
533 et 545 5e — Travaux champêtres.
— Positives stéréoscopiques.

MAURICE (Mlle G.)

Château de Savonneau St-Epain.

536 5e *Section* La Vierge au Donateur (Van Dyck)

MEXIA (G.). S. P. U. S. P.

Rue des Basses-Treilles.

536 1re *Section* Portrait.
537 — Grand'mère et sa petite-fille.
538 — A Blossac.
539 et 541 — Chienne et ses petits.
542 — Enfant.
543 et 544 2e *Section* Deux paysages.
545 7e *Section* Eau-forte.
546 2e *Série* S. Château-Guillaume du Poitou.
547 — La Vonne près de Lusignan.
548 et 549 — La Vonne. Vivonne.
550 — Pont du Tunnel.

MORISSET (Ach.).

Les Martins, par Saint-Julien-l'Ars.

551 5e *Section* A serrer la grande voile.
552 — Braconniers.
553 — En route.

OLIVIER (G.).

Châteauneuf, Châtellerault.

554 et 551 2e *Série* S. Moulin de Louez.
555 — La commanderie, l'Ozon.
557 — L'Ozon.
558 — L'île et le moulin Joany.
559 — L'Envigne, près Châtellerault.

PERDOUX JUNIOR ÉTUDIANT EN MÉDECINE. S P. A. G.

rue Boncenne.

560 2e *Série* S. Chauvigny.
561 et 562 3e — Bords du Clain.
563 — Le Clain. Saint-Benoît.
564 — Bords de la Boivre.
565 4e — Sud-express.
566 — Pont de Rochereuil.
567 5e — Chapelle du château de Chauvigny.
578 — Château de Morthemer.
569 et 570 1re *Section* En auto.
571 2e — Effet de neige.
572 — A l'abreuvoir.

573 5e *Section* En forêt.
574 — Rentrée de moisson.
575 8e — Aux pâturages.

QUEYRIAUX (F. DE). P. C. P.

Château de la Bartiève, Montmorillon.

576 *Série* 4e Carte-lettres du Limousin et du Poitou.

RASQUIER, ÉTUDIANT EN DROIT. S. P. A. G.

Rue d'Alsace-Lorraine.

654 1re *Section* Touristes.
655 — Paire d'amis.
656 — Paire d'amis.

ROUCHIER (père). S. P. U. S. P.

rue Gambetta, Poitiers.

576 3e *Section* Cathédrale d'Angoulême.
578 à 588 2e — Scène de la Bible d'après G. Doré.

589 à 598 2e *Section* Les Fables de la Fontaine, d'après G. Doré.
577 11e — Deux épreuves.
9e — Six Positives.

ROUCHIER (fils) PRÉSIDENT.S.P.U.S.P.

rue Gambetta, Poitiers.

599 1re *Section* Vieille.
600 — Gymnastes.
601 3e — Monument de Sadi Carnot, Lyon.
602 5e — Sur le champ de foire.
603 — A l'hippique.
604 — Courses aux ânes.
605 7e — L'épreuve à la ressemblance.
606 — La joie de la maison.
607 — Merveilleuse.
608 11e — 2 épreuves.
609 et 613 2e *Série S.* La Vonne à Vivonne.
614 — La Gartempe à Montmorillon.
615 — Moutons.
616 3e — La Boivre à la Cassette.
617 — Vieux Pont aux Petites-Vallées.
618 — Le Clain à Saint-Benoît.
619 — Le Clain, vu de la Tour à l'Oiseau
620 et 621 4e — Blossac.

622	4e *Section*	Les Gallois.
623	—	Anciennes fortifications de Poitiers.
624	—	Notre-Dame-la-Grande.

SAVATIER (abbé).

La Villedieu-du-Clain.

624	2e *Section*	Je romps et ne plie pas.
626	3e —	Eglise Saint-Ours.
627	—	Eglise du Puits-Notre-Dame.
628 et 631	—	Château de Montreuil-Bellay.
632	4e —	Galerie de chasse, château de la Chaboissière.
633	11e —	Trois vues du Poitou.
634 et 635	2e *Série S.*	Sous bois (Loge de Raboué).
636	5e —	Château de Boismorand.
637	—	Eglise de la Puye.
638	—	Cloître de Ligugé.
639	—	Saint-Germain-sur-Gartempe.
640	—	Saint-Pierre de Chauvigny.
641 et 643	—	Angles-sur-l'Anglin. Ruines du château.
644	—	Saint-Savin-sur-Gartempe, l'abbaye.
645	—	Château de Toufou.
646	—	Château de la Roche.

SYLVA (Mlle Laura).

Saint-Julien-en-Genevois (Haute-Savoie).

647 3e *Section* L'Amour à l'affût.
648 — A l'atelier.
649 — Simple aveu.
650 — A la fontaine.
651 — Le Chant du départ.

TERVERSE (Edouard de), ÉTUDIANT ÈS LETTRES.

Paris.

652 4e *Section* Après la coiffure.
653 4e — Pour un menu.

MOREAU (G.), ÉTUDIANT EN DROIT. S. P. A. G.

660 10e *Section* Histoire d'un faux.

La Boivre

A Maurice Rouchier.

C'est un ruisseau d'idylle où vient mourir le ciel,
Feutré de mousses d'or aux pentes de ses rives,
Que des peupliers peints d'un vert artificiel
Bordent de leurs pieds nus lorsque l'hiver arrive.

Par les couchants fleuris saignant sur les coteaux,
Il n'est plus qu'un filet de pourpre et de topaze,
Qui, dans le soir rosé, s'endormira bientôt
Comme un serpent frileux, sous des vapeurs de gaze.

Parfois, en son eau bleue, un vieux martin-pêcheur
Surprend un goujon gras qu'il écaille en cachette...
Et la Boivre s'en va baiser de sa fraîcheur
Le vallon lumineux où sourit la Cassette.

Novembre 1902. O. SAGNES

Pour le n° 159.

ESPIERRE (Gabriel). S. P. A. G.

38 Automne.

Automne

Et quand je te quittai, j'emportai de cette heure,
Du ciel et de tes yeux, de ta voix et du temps,
Un mystère à traduire en mots inconsistants,
Le charme d'un sourire indéfini qui pleure,

Et dans l'âme, un écho d'automne qui demeure
Comme un sanglot de cor perdu sur les étangs.

ALBERT SAMAIN.

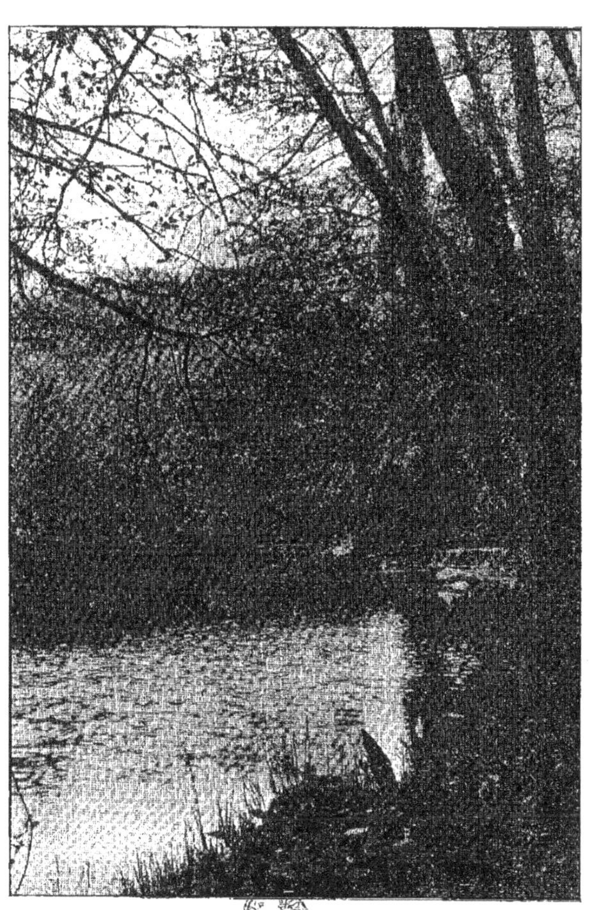

CONCOURS 1901

MÉDAILLES D'ARGENT

MEXIA.

Gelée blanche.

ROUCHIER (Maurice).

Vues du Poitou.

ASSOCIATION GÉNÉRALE DES ÉTUDIANTS
de l'Université de Poitiers

Fondée en 1889

Président d'honneur : M. CONS, Recteur de l'Académie.
Président : G. ESPIERRE, Avocat à la Cour d'appel.

Siège social : 27, Rue Gambetta

L'Association générale des Etudiants de l'Université de Poitiers a été fondée en 1889, sous la présidence d'honneur de M. le Recteur. Depuis lors, elle n'a cessé de prospérer; elle reçoit des subventions du Ministère de l'Instruction publique, du Conseil de l'Université, du Conseil municipal de Poitiers, du Conseil général de la Vienne.

L'Association est heureuse de voir figurer sur le tableau de ses membres honoraires, à côté de ceux de ses maîtres, les noms de toutes les notabilités poitevines, de la Magistrature, de l'Administration, de la Politique, des Lettres, des Arts et des Sciences, ainsi que ceux de tous les anciens étudiants de l'Université de Poitiers qui se sont illustrés dans leurs carrières. L'Association des Etudiants est fière de tant d'éminents patronages.

Les membres de l'Association ont un lieu de réunion (27, rue

Gambetta) avec salle de café, billard, salle de lecture, bibliothèque, salle de musique, salle de Ping-Pong, Laboratoire de Photographie, etc.

Au sein de l'Association se sont organisées, régies par des règlements particuliers, diverses sections qui assurent aux membres des avantages spéciaux : section littéraire, sections de photographie, de musique, d'escrime, section sportive.

L'Association organise des conférences et des soirées artistiques. Elle donne chaque année une grande fête de charité, dont le bénéfice est réparti entre les œuvres de bienfaisance de la ville, et une fête à ses membres honoraires. L'Association publie une revue mensuelle, le « Poitiers Universitaire » (cinq francs par an).

Les membres de l'Association bénéficient de réductions importantes au Théâtre, au Cirque et dans différentes Maisons de commerce.

La plupart des journaux de la région et un certain nombre de journaux parisiens, ainsi que quelques revues, veulent bien faire profiter l'Association d'un service gratuit.

L'Association fait l'échange du « Poitiers-Universitaire » avec tous les journaux, toutes les revues qui lui en font la proposition.

ERRATA ET OMISSIONS

Joindre à la liste des Membres du Jury :
M. GILBERT, directeur de l'École des Beaux-Arts.

SALON

Dr E. CLÉMENT, S. M. S. P. P. C. P.

5, rue Duperré, à Saint-Servan (Ille-et-Vilaine).

201 Portrait. Ch. (Charbon Fresson).
202 Saint-Suliac. Gb. (Gomme bichromatée).
203 Sommeil. Gb. (Gomme bichromatée).
204 Une puce. Ch. (Charbon Fresson).

STOIBER (A. H.). P. C. P.

Paris.

222 En Provence.

TYSZKIEWICZ (Comte B.). P. C. P.

Paris.

220 Jonque de guerre.
221 Paysan japonais.

Lire NAUDOT (189, 190, 191) au lieu de STANDOT.

Le texte et les gravures ont été imprimés par la SOCIÉTÉ FRANÇAISE D'IMPRIMERIE ET DE LIBRAIRIE, 4, rue de l'Eperon, Poitiers.

Les clichés ont été fournis par les établissements Jean MALVAUX, de Bruxelles.

Les encadrements des œuvres exposées par les membres de la Section de Photographie de l'A. G. E. U. P. ont été fournis par M. SAMSON, encadreur-miroitier, rue des Cordeliers, Poitiers.

CAFE de la ROTONDE, *Place d'Armes*, **POITIERS**
TÉLÉPHONE

AUGUSTIN BARDON, propriétaire

Consommations de 1re marque. — Journaux illustrés de Paris et de Province. — Annuaire militaire et Bottin. — Dictionnaires Littré et Larousse. — Boîte aux lettres. — Consommé et Sandwichs à toute heure. — Chasseur à la disposition des Clients.

CAFÉ de la PAIX, PLACE D'ARMES,
POITIERS

Ancienne Maison KERN

PLESSIS-VIEILLARD

CAFÉ DE CASTILLE

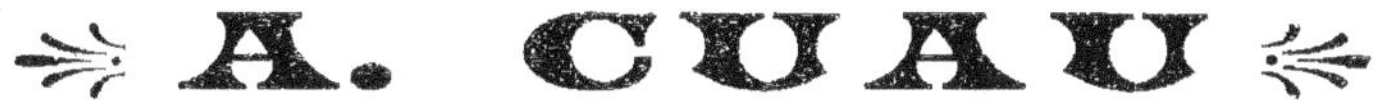

PROPRIÉTAIRE

Place d'Armes et rue Victor-Hugo

Nouvellement Restauré — Consommations de 1er Choix

Seul dépositaire de la Bière Pousset

JOURNAUX POLITIQUES ET ILLUSTRÉS

ANNUAIRE MILITAIRE — DIDOT-BOTTIN

Maisons Recommandées

Fournitures photographiques : **Gibault, Galeries Parisiennes, Clerté.**

Fourrures : **Peignon.**

Pharmacie : **Chassagne, Gaudefroy, Chaussat.**

Chapellerie : **Lureau, Guyot.**

Vêtements : **Grand, Crémieux, Vannier, Vallet-Déchérat, Guyot, Gout. Régeard, Cerf.**

Bijouterie, objets d'art : **Bleau, Gorini, Jacquemin, Morillon.**

Coiffeur : **Emmanuel, Rousseau, Kerbarh, Brix-Guignard, Delépine, Groleau.**

Papiers peints : **Gibault, Piniot.**

Musique : **Alliaume, de Saunière.**

Equitation : **Manège Poitevin.**

Hôtels-Restaurants : **Hôtels du Palais, de France, de l'Europe, des Trois-Piliers — Hôtels Tribot, Charpentier — Restaurants de la Paix, de l'Etoile.**

Cafés de la Rotonde, de Castille, de la Paix, du Méridien.

Bureau de Tabac : **Marchand-Guionneau.**

Lessive : **Iatowski et Loiseau.**

Mosaïque : **Alexandre dit Chapelle.**

Sociétés Financières : **Crédit Lyonnais — Société Générale.**

Alimentation : **Rochas, Rouchier, Durocher, Lorne et Harry, Chavegrain, Demon, Gourdin, Blanchand, Verdy.**

Commissionnaires, Déménagements : **Puisais, veuve Vernin.**

Escrime : **Saint-Martin.**

Arquebusier, Automobiles, Cycles : **Lecomte, Arnaud.**

Fleurs : **Timothée, Rayer et Girard.**

Couronnes mortuaires, Fleurs artificielles : **Potier, Coquard-Milord.**

Ameublement : **Vannier, Cornet, Galeries Parisiennes.**

Imprimeries : **Masson, Société Française d'Imprimerie.**

Lithographie : **Boutifard.**

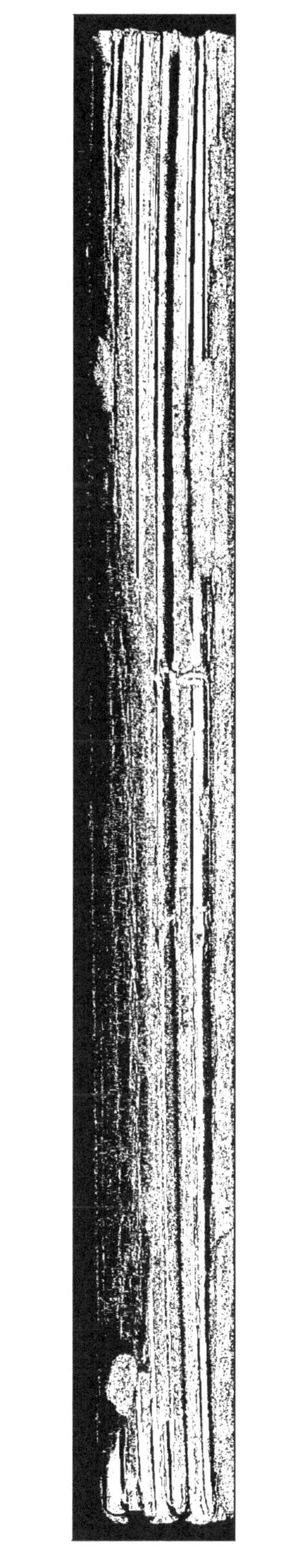

www.ingramcontent.com/pod-product-compliance
Lightning Source LLC
LaVergne TN
LVHW010614110826
845149LV00003B/913